바로 오늘

"Und das ist heute": Meditationen zu den Kar-und Ostertagen
by Gisbert Greshake
© 2007 Verlag Herder GmbH, Freiburg im Breisgau.
Korean Edition Copyright © 2022 Living with Scripture Publishers,
Seoul, Korea.

이 책은 저작권자와 직접 저작권 계약을 맺어 펴내므로 저작권법의
보호를 받습니다. 무단 전재와 복제를 금합니다.

# 바로 오늘
성삼일-부활 묵상

*Und das ist heute*

기스베르트 그레샤케 지음 | 허찬욱 옮김

성소와안개

# 차례

| | |
|---|---|
| 서문 | 6 |

## 성목요일:
일치 – 하느님이 이끄시는 길     10

## 성금요일:
죽음 속에 생명이 있네     30

## 성토요일:
희망 속에서 견디는 것은 어리석은 일이 아닙니다     50

## 부활:
우리는 모두 부활할 것입니다     66

그림 출처     84

# 서 문

저는 2006년 바티칸 라디오 독일 지부의 부탁을 받고, 성주간과 부활에 관한 라디오 강연을 한 적이 있습니다. 각 묵상은 해당 축일 전날 저녁에 방송되었습니다. 많은 분이 호응해주셨고, 이 호응에 힘입어 방송된 묵상 글이 이제 책으로 만들어져 더 많은 분께 전해지게 되었습니다.

내용을 조금 보완하긴 하였지만, 방송 원고를 거의 그대로 책에 실었습니다. 함께 나누고자 하는 그림과 해설은 출판 과정에서 제가 보충한 것입니다. 제가 선택한 그림들이 제작된 시대와 양

식은 각각 다르지만, 이 그림들은 다양한 방식으로 하나의 주제를 드러냅니다. 그 주제는 우리가 전례에서 거행하는 과거의 구원 사건이 '바로 오늘'의 사건이라는 점입니다. 라디오 방송에 사용한 구어체는 이 책에도 그대로 살렸습니다. 기념하고자 하는 날의 전날 저녁이라는 시간적 상황도 글에 남아 있고요.

여러 묵상을 꿰뚫는 핵심 단어는 '오늘'입니다. 옛적에 일어났던 성삼일 사건은 지나가버린 사건이 아니라, 새로운 현재의 사건이 됩니다. 과거의 사건이 우리 눈엔 지나간 것처럼 보이겠지만, 그 사건은 아직 끝나지도, 완결되지도 않았습니다. 맹목적이고 퇴행적인 방식으로는 과거 사건에 다가갈 수 없습니다. 우리가 기념하는 사건들은 아직 끝나지 않았습니다. 그 사건들은 아직 목적지에 도달하지 않았고 종결되지도 않았습니다. 여전히 열려 있는 사건들입니다. 우리는 그 사건들 속으로 들어갈 수 있습니다.

성주간에 우리는 단순히 과거의 사건을 기념하는 것이 아닙니다. '지금 여기'에서 우리에게 행하시는 그리스도의 구원 행위를 기념합니다. 십자가 죽음에서 부활하신 주님이 지금 여러분에게 주시는 힘을 여러분도 함께 느끼실 수 있기를 바랍니다. 이 작은 책이 그 힘을 전해주는 데 조금이나마 도움이 되기를 바랍니다.

2006년 9월 14일 성 십자가 현양 축일
독일 프라이부르크에서
기스베르트 그레샤케

여러 묵상을 꿰뚫는 핵심 단어는
'오늘'입니다.
옛적에 일어났던 성삼일 사건은
지나가버린 사건이 아니라,
새로운 현재의 사건이 됩니다.

# 성 목 요 일

## 일치 -
## 하느님이 이끄시는 길

유다가 나간 뒤에 예수님께서 말씀하셨다. "이제 사람의 아들이 영광스럽게 되었고, 또 사람의 아들을 통하여 하느님께서도 영광스럽게 되셨다." "그들이 모두 하나가 되게 해주십시오. 아버지, 아버지께서 제 안에 계시고 제가 아버지 안에 있듯이, 그들도 우리 안에 있게 해주십시오. 그리하여 아버지께서 저를 보내셨다는 것을 세상이 믿게 하십시오. 아버지께서 저에게 주신 영광을 저도 그들에게 주었습니다. 우리가 하나인 것처럼 그들도 하나가 되게 하려는 것입니다"(요한 13,31; 17,21-22).

우리가 축복하는 그 축복의 잔은 그리스도의 피에 동참하는 것이 아닙니까? 우리가 떼는 빵은 그리스도의 몸에 동참하는 것이 아닙니까? 빵이 하나이므로 우리는 여럿일지라도 한 몸입니다. 우리 모두 한 빵을 함께 나누기 때문입니다(1코린 10,16-17).

내일 우리가 거행하는 성목요일 성찬 기도문에는 짧지만 중요한 문구가 하나 들어 있습니다. "예수님께서는 저희와 모든 이의 구원을 위하여 수난 전날 바로 오늘 저녁에 거룩하신 손에 빵을 드시고"라는 성체성사 설정문에 '바로 오늘'이라는 말이 들어갑니다. '바로 오늘'이라니요? '오늘'이라는 이 말을 어떻게 이해해야 할까요? 예수께서 행하신 최후의 만찬을 마치 오늘 행하시는 것처럼 받아들여야 한다는 의미일까요? '바로 오늘' 일어나는 것처럼 생각하라는 말일까요? 그건 아니지요. '바로 오늘'은, 예수님이 행하셨던 그때의 일이 오늘에도 같은 무게를 지니고 같은 영향력을

미친다는 사실을 가리키는 말입니다. 그때의 일은 과거의 사건이긴 하지만 아직 끝난 것이 아닙니다. 아직 완성되지 않았고 종결되지 않았습니다. 그 사건들은 현재의 우리에게 활짝 열려 있습니다. 그러므로 과거의 구원 사건은 단순한 기억의 대상이 아닙니다. "당시에 그런 일이 일어났었지"라고 말하고 끝내버려서는 안 됩니다. 과거에 일어난 구원 사건은 늘 현재의 사건이 되어야 하기 때문입니다. 우리는 '바로 오늘'이라고 말해야 합니다. 늘 새로운 '오늘' 말입니다.

'바로 오늘'은 비단 성목요일에만 해당하는 말이 아닙니다. '오늘'이라는 말은 앞으로 우리가 함께 묵상하게 될 성금요일, 성토요일, 그리고 부활에도 해당합니다. 우리가 묵상하는 이 날들은 모두 과거에 일어난 일이지만, 현재를 향해 열려 있고, 미래에 이루어질 완성을 가리킵니다. 여기에서 우리가 시간의 세 측면이라고 부르는 과거, 현재, 미래가 동시에 드러납니다.

내일은 성목요일입니다. 성목요일에는 무슨 일이 일어났고, 또 무엇이 우리에게 전해졌습니까? 무엇이 '바로 오늘'의 사건이 됩니까? 예수께서는 마지막 만찬 때 당신의 생명을 제자들에게 내어놓으십니다. 예수께서는 십자가에서 돌아가시는 그 순간은 물론, 바로 지금도 우리에게 당신의 생명을 내어놓으십니다. 예수께서는 장엄하게 선포하십니다. "이는 너희를 위해 내어놓는 내 몸이다." "이는 너희를 위해 흘리는 내 피다." 여기서 '너희를 위해'라는 말은 예수님의 전 생애를 설명하는 표현입니다. 신학자들은 모든 인간을 위해 생명을 내어놓으시는 예수님의 삶을 설명하기 위해 '남을 위한 존재Proexistenz'라는 개념을 사용합니다. 예수님은 늘 누군가를 '위한pro' 존재로 사셨습니다. 늘 누군가를 사랑하면서, 사랑하는 이를 '위해' 사셨습니다. 인간을 '위해' 사셨고, 동시에 하느님을 '위해' 사셨습니다.

성부께서는 당신을 위해 사시는 성자를 통해

흩어진 자녀들을 다시 모으시고 당신과 하나 되게 하셨습니다. 성부께서는 자녀들을 당신과 하나 되게 하시고, 동시에 우리도 서로 하나 되게 하셨습니다. 예수님은 늘 우리를 사랑하셨고, 그 사랑 안에서 우리 인간을 위해 사셨습니다. 그 사랑 안에서 우리와 함께 계셨습니다. 예수님은 사랑 때문에 사셨고, 이 사랑으로 당신 생명도 기꺼이 내어 놓으셨습니다. 그리고 남을 위한 사랑을 끝까지 지켜내셨습니다. 예수님 당신을 향한 사람들의 증오와, 당신이 당했던 극심한 박해와 끔찍한 죽음에서도, 예수님은 끝까지 사랑을 지켜내셨습니다. 당신의 사랑을 지켜내셨을 뿐 아니라, 증오를 사랑으로, 또 죽음을 생명으로 바꾸셨습니다. 죄의 노예로 신음하던 인간을 자유롭게 하셨습니다. 하느님에 대한 인간의 거부를 하느님을 향한 더 큰 순종으로 바꾸어 놓으셨습니다.

  예수께서는 빵과 포도주를 제자들에게 건네십니다. 빵과 포도주를 건네는 것 역시 당신 사랑을 드러내는 일이었습니다. 사람들은 이 작고 평범한 빵과 포도주가 도대체 뭐 그리 대단하냐고 묻겠지요. 하지만 예수께서는 이 작고 평범한 빵과 포도주 안에서 신비로이 변화된 당신 사랑을 우리에게 전해주고자 하셨습니다. 이를 위해 당신 자신도 변화하셨습니다. 음식이 소화되어 몸의 일부가 되는 것처럼, 예수께서는 성체를 통해 우리 영혼의 일부가 되려 하셨습니다. 우리는 성찬례를 거행할 때마다, 자신을 우리에게 내어주시고 우리 안에 계시고자 하는 그분의 사랑에 감사드리며 그분의 사랑을 찬양해야 합니다. 우리는 예수님의 몸과 피를 모실 때마다, 사람을 변화시키는 예수님의 사랑을 체험합니다. 그리고 우리 역시 그 사랑을 전할 수 있게 됩니다.

이 모든 것은 과거의 일이 아니라, 지금도 계속되는 현재의 일입니다. 오늘도 주님은 성찬례를 통해 사람을 변화시키는 사랑을 우리에게 주십니다. 그 사랑은 죽음보다 강한 사랑, 증오와 죄를 이

겨내는 사랑입니다. 주님은 당신의 사랑을 우리 마음에 넣어주십니다. 우리가 그 사랑을 다른 이에게도 전할 수 있도록 말이지요.

이것이 제사로서 성찬례가 지닌 가장 깊은 의미입니다. 하느님께 합당한 제물은 오직 하나밖에 없습니다. 바로 예수님 자신이지요. 예수님 스스로를 내어놓으시는 이 희생 외에, 하느님께 드릴 합당한 제물은 없습니다. 예수께서 당신을 내어놓으시는 희생은 한 번으로 충분한, 유일한 희생이었습니다. 이 희생 안에 '모든 것이 들어 있습니다.' 그것은 차고 넘칠 만큼 충분한 희생이었습니다. 그러므로 어떤 것도 예수님의 이 희생을 대체할 수 없습니다.

예수께서 십자가상에서 당신 자신을 내어놓으신 단 한 번의 희생은 '바로 오늘', 현재의 사건이 됩니다. 자신을 내어놓으시는 예수님의 희생은 우리를 향해 열려 있고, 우리는 그 희생과 연결됩니다. 우리는 그 유일한 희생 안으로 들어갑니다. 그리고 우리는 예수님의 그 사랑안에서, 생명을 위협하는 세상의 모든 것을 변화시킬 수 있습니다. 이로써 예수님과 함께하는 식탁 공동체, 빵과 포도주로 성찬례를 거행하는 이 식탁 공동체는 마침내 열린 공동체가 됩니다. 이 공동체는 주님과 하나 되고, 또 모든 형제자매가 하나 되는 공동체입니다.

이제 우리는 성목요일이 우리에게 전해주고자 하는 중요한 묵상 주제와 만나게 됩니다. 그 주제는 바로 공동체이며, 일치와 친교입니다. 서로 떨어져 있고 자주 다투기도 하는 우리는 주님을 모심으로써, 즉 그분의 사랑을 우리 안에 받아들임으로써, 주님과 하나 되는 데 그치지 않고 우리 모두 하나가 됩니다. 우리는 예수님 몸의 지체입니다. 우리는 그리스도의 몸과 일치되어 하나의 공동체를 이룹니다. 이는 예수님의 마지막 바람이자 유언이었습니다. 요한복음의 증언에 따르면 예수께서는 제자들과 함께하시는 마지막 자리에서 그들을 위해 성부께 이렇게 기도하셨습니다. "그들이 모두 하나가 되게 해주십시오"(요한 17,21).

사도 바오로도 이 일치라는 주제를 깊게 다루었습니다. 그것도 복음서가 쓰이기 훨씬 전에 말이지요. 바오로는 성찬례와 관련된 '그리스도의 몸'을 교회의 가장 중요한 표상으로 여겼습니다. "우리가 축복하는 그 축복의 잔은 그리스도의 피에 동참하는 것이 아닙니까? 우리가 떼는 빵은 그리스도의 몸에 동참하는 것이 아닙니까?"(1코린 10,16). 예수님의 살과 피를 모심으로써 우리 모두는 그리스도의 사랑에 참여하게 됩니다. 그리고 바로 그 사랑이 우리를 변화시킵니다. 우리는 당신 생명을 내어놓으시는 예수님의 희생에 참여하고, 그렇게 함으로써 모두 한 몸이 됩니다. 우리는 하나인 그리스도의 몸을 이룹니다. '대사제의 기도'라고 불리는 예수님의 마지막 유언은 성목요일을 지내는 우리에게도 전해집니다. "그들이 모두 하나가 되게 해주십시오. 아버지, 아버지께서 제 안에 계시고 제가 아버지 안에 있듯이, 그들도 우리 안에 있게 해주십시오. … 우리가 하나인 것처럼 그들도 하나가 되게 하려는 것입니다"(요한 17,21-22). 바로 이 기도가 성찬례에서 실현됩니다. 이제 우리는 모두 하나가 되어 그리스도의 몸의 지체가 됩니다. '하나가 되라'는 그분의 명령을 우리가 거부하지 않는다면 말이지요.

여기에서 우리의 시선을 끄는 것이 있습니다. 복음서보다 훨씬 이전에 작성된 코린토 1서의 성찬례에 관한 기술이 공동체를 향한 날선 비판으로 시작한다는 사실입니다. 이것이 단순한 우연일까요? 바오로는 다음과 같이 공동체를 꾸짖습니다. "여러분이 교회 모임을 가질 때에 여러분 가운데에 분열이 있다는 말이 들립니다. 여러분이 한데 모여서 먹는 것은 주님의 만찬이 아닙니다. 그것을 먹을 때, 저마다 먼저 자기 것으로 저녁 식사를 하기 때문에 어떤 이는 배가 고프고 어떤 이는 술에 취하기 때문입니다"(1코린 11,18 이하 참조).

    바오로 사도는 도대체 무엇을 비판했던 것일까요? 비판의 배경은 이러합니다. 코린토 공동체는 성찬 예식을 하기 위해 저녁에 모였습니다. 함께 저녁 식사를 한 후에 성찬례가 이어졌지요. 노예, 일용직 노동자, 그리고 부두에서 일하는 일꾼들은 늦은 시간까지 일한 후에나 겨우 모임에 나올 수 있었습니다. 그들은 기진맥진하고 허기진 상태로 모임에 도착했겠지요. 부유한 자들은 가난한 이들을 기다려주지 않았습니다. 부자들은 자신들이 준비해둔 음식으로 넉넉히 배를 채우고는 바로 성찬 예식을 거행하려 했습니다. 성찬례 직전에 도착한 이들이 얼마나 배가 고플지는 아무도 마음 쓰지 않았습니다. 이들의 무심함을 사도 바오로가 다음과 같이 비판한 것이지요. 서로 기다려주지 않고 서로 배려하지 않는다면, 여러분이 거행하는 것은 성찬 예식이 아닙니다. 공동체 안에서 불공평과 사회적인 차별이 해소되지 않는다면, 사회적인 차

별이 해소되기는커녕 오히려 더 선명해지고 강화되다면, 여러분이 거행하는 것은 절대 성찬 예식일 수 없습니다. 바오로는 경고합니다. "주님의 몸을 분별없이 먹고 마시는 자는 자신에 대한 심판을 먹고 마시는 것입니다"(1코린 11,29).

이 진지한 경고는 유감스럽게도 제2차 바티칸 공의회 때 행해진 전례 개혁 이후로 다시 전례문에 등장하지 않습니다. 이 경고는 성찬례의 내적 의미와 결과를 깊이 성찰하도록 요구합니다. 성찬례는 우리를 어떤 길로 이끕니까? 성찬례는 우리를 공동체로 이끕니다. 일치와 친교로 이끕니다. 우리가 성찬례에서 받아들이는 그리스도의 사랑은 우리를 공동체로 이끕니다. 이 공동체는 주님과 이루는 공동체만을 의미하지 않습니다. 그리스도의 모든 지체와 이루는 공동체도 뜻합니다. 예. 그렇습니다. 우리는 성찬례를 통해 예수의 모든 지체를 모시게 됩니다. 먼저 머리이신 그리스도를 모시고, 다음으로 그리스도의 몸을 이루는 모든 지체를 모십니다.

  이러한 점을 아우구스티누스Augustinus도 강조합니다. "우리는 성찬례에서 무엇을 받아 모십니까?"라는 질문에 아우구스티누스는 다음과 같이 대답합니다. "우리는 우리의 고유한 신비를 모십니다. 우리의 가장 깊은 실재, 즉 예수 그리스도의 모든 몸을 모십니다. 모든 몸이란 곧 그리스도와 모든 형제자매를 뜻합니다. 그리스도와 모든 형제자매가 모여 그리스도의 몸을 이루기 때문입니다." 아우구스티누스는 모두가 그리스도의 한 몸을 이룬다는 생각을 영성체 예식과 연결합니다. "여러분이 실제로 그러하니, 여러분은 '아멘'이라고 응답합니다. … 성체를 받아 모실 때 여러분은 '그리스도의 몸'이라는 사제의 말을 듣습니다. 그리고 여러분은 사제의 이 말을 듣고 '아멘'이라고 응답하지요. 여러분의 '아멘'이 참된 응답이 될 수 있도록, 여러분은 실제로 그리스도의 지체가 되어야 합니다." 아우구스티누스에게 그리스도의 몸은 그리스도의 온몸, 즉 머리와 모든 지체를 뜻합니다. 내가 그리스도 안에서 다른 지체들과도 하나가 되려는 마음의 준비를 하지 않는다면, 나의 '아멘'은 진실한 아멘이 아닙니다. 아우구스티누스는 다음과 같은 아름다운 말로 성찬례의 내용을 요약합니다. "여러분이 모시는 것과 같아지십시오. 여러분 자신을 모시기 바랍니다. 여러분이 모시는 것은 무엇이고, 여러분은 누구입니까? 바로 그리스도의 몸 아닙니까?"(아우구스티누스, 설교 272 참조).

아우구스티누스만 이런 말을 한 것이 아닙니다. 위대한 신학자들의 사상에서도 비슷한 생각을 찾아볼 수 있습니다. 토마스 아퀴나스Thomas de Aquino를 예로 들어봅시다. 토마스 아퀴나스는 성찬례의 목적이 '그리스도의 몸이 이루는 일치unitas corporis Christi'라고 말했습니다. 그리스도께서는 성찬례에서 다른 지체들과 하나의 몸을 이루십니다. 바로 이 성찬례에서 교회가 세워지는 것이지요. 앙리 드 뤼박Henri de Lubac은 성찬례와 교회의 관계를 다음과 같은 멋진 말로 표현합니다. "교회가 성찬례를 만들고, 성찬례가 교회를 만든다 l'Eglise fait l'eucharistie et l'eucharistie fait l'Eglise."

우리는 사도신경의 열두 문장에서도 교회와 성찬례의 관계를 찾을 수 있습니다. 사도신경에서 "모든 성인의 통공을 믿으며"라고 고백하는 부분이 있지요. 이 부분의 그리스어 원문은 '코이노니아 톤 하기온 *koinonia ton hagion*'으로, 원래는 성찬례와 관련이 있었습니다. '나는 거룩한 것에 함께 참여함을 믿습니다.' 즉 '나는 성찬례의 거룩한 신비에 함께 참여함을 믿습니다'라는 뜻이었는데, 이것이 후에 우리가 지금 고백하는 '모든 성인의 통공을 믿으며'로 번역된 것입니다. 저는 이것이 오역이라고 생각하지 않습니다. 오히려 바른 번역입니다. 성찬례에 함께 참여하는 것으로부터 성인들의 공동체가 자라나기 때문입니다. 성인들의 공동체는 십자가상의 희생을 통해 거룩해진 모든 이의 공동체이고, 그리스도 안에서 그리스도와 하나가 되고, 또 다른 지체들과도 하나가 되는 그러한 공동체입니다.

요한복음은, 일치된 공동체 안에서 그리스도께서 받으실 영광과 찬미가 드러난다고 강조합니다. 그리스도께서 성부와 이루시는 일치가 모든 백성에게 선포됩니다. 이로써 하느님께서 마련하신 모든 계획이 성취됩니다. 그 계획은 "때가 차면 하늘과 땅에 있는 만물을 그리스도 안에서 그분을 머리로 하여 한데 모으는 계획입니다"(에페 1,10).

'바로 오늘'은 단지 우리가 기념하는 성목요일에만 해당하는 말이 아닙니다. 하느님과 이루는 일치와 우리 서로 간의 일치를 매일 새로이 이루어가야 합니다. 예수님처럼 '남을 위한 존재 Proexistenz'가 되어야 합니다. 예수님이 사셨던 타인을 위한 사랑의 삶 안으로 기꺼이 들어갈 때, 우리가 사는 매일이 성목요일이 될 것입니다. 모든 것을 새로이 변화시키고, 모든 것을 일치로 이끄는 그리스도의 사랑이 매일 드러날 것입니다.

예수님처럼 '남을 위한 존재Proexxistenz'
한 사랑의 삶 안으로 기꺼이 들어갈 때, 우리가

가 되어야 합니다. 예수님이 사셨던 타인을 위사는 매일이 성목요일이 될 것입니다.

# 최후의 만찬

폴 고갱 Paul Gauguin, 1899년

일반적인 최후의 만찬 그림과는 달리 폴 고갱(1848-1903)이 그린 이 그림은 종결되지 않는 성찬례의 지속성을 잘 드러냅니다. 대부분 최후의 만찬 그림은 특정한 사람만 초대받아 식탁에 앉아 있는 장면을 보여줍니다. 반면 고갱의 최후의 만찬 그림에서는 식탁이 모두를 향해 개방되어 있고, 그 주위로 많은 이가 움직입니다. 선 사람도 있고, 앉은 사람도 있지요. 다른 쪽을 보면 막 일어나서 자리를 떠나는 사람도 있고, 가까이에 앉은 사람도 있습니다. 비교적 어두운 그림이라 식탁 중심에서 빛나는 예수님의 광채가 더 두드러져 보입니다. 예수님의 광채는 우리를 공동체로 이끌고, 그 안에서 서로 하나가 되게 합니다. '오늘' 늘 새로운 모습으로, 오늘 바로 여기에서 말이지요.

# 성 금 요 일

## 죽음 속에 생명이 있네

"나는 땅에서 들어 올려지면 모든 사람을 나에게 이끌어 들일 것이다." 예수님께서는 이 말씀으로, 당신께서 어떻게 죽임을 당하실 것인지 가리키신 것이다(요한 12,32-33).

우리는 언제나 예수님의 죽음을 몸에 짊어지고 다닙니다. 우리 몸에서 예수님의 생명도 드러나게 하려는 것입니다. 우리는 살아 있으면서도 늘 예수님 때문에 죽음에 넘겨집니다. 우리의 죽을 육신에서 예수님의 생명도 드러나게 하려는 것입니다(2코린 4,10-11).

우리는 성목요일의 핵심인 일치의 성사, 성찬례를 묵상했습니다. 성찬례를 묵상할 때, 우리는 성금요일에 묵상할 그리스도의 십자가를 이미 마주한 것이나 마찬가지입니다. 십자가는, 예수께서 인간을 위해 당신 자신을 바치셨음을 드러내는 가장 분명한 표징입니다. 타인을 위한 존재Proexistenz로 사셨던 예수님의 삶이 필연적으로 다다르는 도착점이 바로 십자가였습니다. 예수님은 우리를 향한 사랑 때문에 가장 낮은 곳까지 가셨습니다. 그 크신 사랑 때문에 더 이상 내려갈 곳이 없는 가장 밑바닥까지 내려오셨습니다.

필리피서가 전하듯, 예수께서는 "당신 자신을 비우시어 종의 모습을 취하시고 사람들과 같이 되셨습니다. … 당신 자신을 낮추시어 죽음에 이르기까지, 십자가 죽음에 이르기까지 순종하셨습니다"(필리 2,7-8). 하느님의 아들은 철저히 자신을 낮추십니다. 이러한 자기 낮춤은 십자가에서 가장 극명하게 드러납니다.

우리는 성금요일에 십자가에 달리신 그리스도를 바라봅니다. 우리가 먼저 보게 되는 것은 죄인을 묶어두는 기둥입니다. 고대에 사용되었던 사형대입니다. 정말 처참한 죽음입니다. 십자가상 죽음은 유다인에게 의심의 여지없이 하느님의 저주를 뜻합니다. "나무에 매달린 사람은 하느님의 저주를 받은 자"라고 신명 21,23은 전합니다. 바오로는 이 말을 갈라티아서에 인용하면서, 예수께서 우리를 위해 스스로 저주받은 몸이 되셨음을 알려줍니다(갈라 3,13 참조). 예수께서는 우리의 죄 때문에 저주를 받으셨고, 우리의 죄를 당신 십자가에 짊어지셨습니다.

십자가는 우리에게 죽음만을 보여주지 않습니다. 더 많은 것을 보여줍니다. 십자가, 그것은 인간의 배척과 배반을, 경멸과 조롱을, 멸시와 증오를 보여줍니다. 영혼과 육체의 고통을 보여줍니다. 하느님께서 멀리 계시는 듯한 막막함, 아니 하느님이 계시지 않은 듯한 절망을, 십자가는 우리에게 보여줍니다. 세상의 모든 악의와 죄악이 십자가 위에 켜켜이 쌓여 있습니다. 예수님은 이 모든 것을 끌어안고 십자가를 지셨습니다. 예수님의 십자가를 통해, 세상의 모든 악이 지닌 파괴적 힘이 낱낱이 드러나고 말았습니다.

한스 우르스 폰 발타자르Hans Urs von Balthasar의 영적 동반자였던 아드리엔 폰 슈파이어Adrienne von speyr는 '세상이 하는 거대한 고해성사'라는 표현을 사용합니다. 그렇습니다. 과연 고해성사라고 할 만합니다. 이제 세상은 자신의 죄를 숨기지 못합니다. 사람들은 세상의 죄를 하찮게 여길 수도 없고, 아무 일 없다는 듯 능청을 떨 수도 없습니다. 죄가 십자가를 통해 환히 드러났기 때문입니다. 그리스도의 십자가를 바라보는 모든 이는 인정할 수밖에 없습니다. '그래. 십자가는 결국 인간의 증오 때문이었지. 인간의 공격성과 거짓 때문이었지.' 너무나 약하고 또 악한 세상입니다. 그러한 세상이니, 평생 사랑만 하셨던 분을 그렇게 잔혹하게 죽였던 것이지요. 남을 위해 사셨던 죄 없는 분을 죽이려 "십자가에 못 박으시오!"라고 소리쳤던 것이지요.

죄 없는 예수께서는 이 모든 것을 짊어지십니다. 세상의 악과 거리를 두시거나, 악을 단숨에 없애버리는 방식이 아닙니다. 오히려 세상의 악을 짊어지시고, 그것을 견뎌내십니다. 결국 그분은 당신의 순종으로 인간의 불순종을 끊어내십니다. 자신의 죄를 숨기는 데 급급한 사람들, 오직 자신에게만 머물며 자신만을 사랑하는 사람들이 드러냈던 미움을 예수께서는 당신의 크신 사랑으로 끊어내십니다.

십자가는 세상의 죄악만을 드러내는 것이 아닙니다. 십자가는 인간이 얼마나 무력하고, 인간의 삶이 얼마나 허무한지도 보여줍니다. 아무리 좋은 것을 원하고 계획하더라도 결국 끝맺지 못하고 실패하고야 마는 인간의 무능력을, 십자가는 보여줍니다.

예수님은 이스라엘 백성을 모으시고, 흩어진 하느님의 자녀들을 하나 되게 하시려 이 땅에 오셨습니다. 예수님은 하느님의 나라를 이루고, 사람 사이의 화해와 형제애를 이루기 위해 자신을 바치셨습니다. 예수님의 근본적인 소명, 이 위대한 소망과 목표는 십자가 앞에서 실패한 것처럼 보입니다. 모든 것이 사라져버린 듯, 모든 것이 끝장난 듯 보입니다. 십자가는 인간의 죄악만을 드러내지 않습니다. 십자가는 인간의 삶이 얼마나 허무하고 허약한지를 또한 우리에게 분명히 보여줍니다.

 그렇습니다. 십자가는 모든 것이 무너진 폐허를 뜻합니다. 예수님이 마주한 폐허, 그리고 세상의 모든 실패와 허무, 무력함이라는 폐허 위에 십자가는 서 있습니다. 세상의 모든 폐허 위에 십자가가 있습니다.

 폐허 위의 십자가! 그러나, 여기에는 반전이 있습니다. 예수님의 십자가는 깊은 구렁 속의 절망

만을 뜻하지 않습니다. 예수님의 십자가는 승리와 영광을 드러냅니다. 요한복음은 '들어 올려지다'라는 표현으로 예수께서 받으실 영광을 나타냅니다. "나는 땅에서 들어 올려지면 모든 사람을 나에게 이끌어 들일 것이다"(요한 12,32). '올려지다'라는 말은 우선 '십자가에 달리심'을 뜻합니다. 하지만, 동시에 이 말은 예수께서 하느님의 영광으로 들어 높여지는 것, 그리하여 예수께서 모든 이를 당신께로 이끄시는 것을 뜻하기도 합니다. 이 두 가지 의미를 '들어 올려지다'라는 말은 담고 있습니다. 요한복음은 그리스도의 십자가가 치욕과 굴욕, 완전한 실패를 뜻하지만, 동시에 하느님의 영광과 사랑의 힘을 보여주기도 한다는 사실을 알려줍니다. 죽음보다 강한 사랑의 힘, 아무도 끝내지 못할 새로운 생명의 시작을 요한복음은 우리에게 전해줍니다. 모두가 이제 끝이라고 여기는 순간, 폐허 위의 십자가에서 하느님은 다시 시작하십니다. 십자가 나무는 이제 생명의 나무가 됩니다. 끝은 끝이 아니고, 폐허도 폐허가 아닙니다. 이제 절망은 절망이 아닙니다. 절망의 순간에 하느님은 손을 내밀어 당신 아들을 살리시고, 우리에게 새로운 시작을 알리시기 때문입니다.

예수께서 마지막 숨을 내쉬실 때, 그분은 죽음 자체를 정복하시진 않습니다. 대신 우리에게 생명을 주는 구원을 완성하십니다. 요한복음은 이를 분명히 전해줍니다. 독일어 성경은 "고개를 숙이시며 숨을 거두셨다"라고 표현하지만, 그리스어 원문은 "고개를 숙이시며 숨을 불어넣으셨다"라는 의미에 가깝습니다. 이는 죽음의 순간 예수께서 우리에게 당신의 영, 즉 성령을 불어넣어 주셨다는 말입니다. 그리스도의 영인 성령이 온 피조물을 새로운 생명으로, 사랑의 삶으로 가득 채워 주셨다는 말입니다.

십자가와 부활은 분리되지 않습니다. 하나로 생각해야 둘의 의미를 제대로 이해할 수 있습니다. 십자가와 부활이 둘이 아님을 주님 수난 예식은 잘 보여줍니다. 수난복음과 보편지향기도 후에, 예식의 핵심인 십자가 경배가 이어집니다. 우리는 십자가 경배 때 처형대를 경배하는 게 아닙니다. 모든 것이 무너진 폐허를 경배하는 게 아닙니다. 우리가 경배하는 것은 생명의 나무입니다. 죽음을 이긴 승리의 깃발, 성령이 흘러넘치는 생명의 샘을 경배하는 것입니다. 십자가와 부활, 이 둘은 둘이 아닙니다. 십자가에 하느님의 현존이 감춰져 있고, 부활은 하느님의 현존을 드러냅니다. 십자가에 하느님의 사랑이 숨어 있고, 부활은 하느님의 사랑을 영광스레 드러냅니다. "신앙의 신비여, 죽음 속에 생명이 있네." 우리가 부르는 성가 가사처럼 말이지요. 예수님이 사랑으로 받아들이신 죽음 안에서, 생명이 신비로이 움터 나옵니다. 죽어가는 밀알 안에 새 생명을 밀어 올릴 힘이 있습니다(요한 12,24 참조). 죽음과 삶은 둘이 아닙니다. 예수님께도 그러했고, 예수님을 따르는 우리에게도 그러합니다.

바오로 사도도 이를 잘 알고 있었습니다. 바오로는 죽음에서 새로운 생명을 이끌어내는 것을 그리스도인 삶의 본질이라 여겼습니다. 그리스도를 따르는 사람은 많은 환난을 겪습니다. 박해를 받아 곤궁에 처하고, 때론 버림을 받습니다(2코린 4,8 이하 참조). 하지만, 박해를 받아 곤궁에 처하는 바로 그 순간, 부활의 새 생명이 우리 안에 움터 나옵니다. 모든 이를 위해 움트는 새 생명 말입니다. 바오로는 남보다 더 자주 마주한 죽음에서 사도로서의 정체성을 찾습니다. 코린토 1서에서 바오로는 말합니다. "나는 날마다 죽음을 마주하고 있습니다"(1코린 15,31). 바오로는 자신이 마주하는 죽음을 통해 죽음 안에 숨겨진 생명을 공동체에 드러냅니다. "우리에게서는 죽음이 약동하고 여러분에게서는 생명이 약동합니다"(2코린 4,12). 죽음 안에 생명이 있습니다.

우리가 어제 묵상했듯이, 우리는 다시 '오늘'로 돌

아옵니다. 위대한 구원 사건은 어제의 일이 아닙니다. 구원 사건은 언제나 새로이 오늘의 시간에 스며듭니다. 구원 사건이 바로 오늘의 일이라는 것을, 우리는 십자가를 바라볼 때 더욱 분명히 깨닫게 됩니다. 살아낼 새로운 부활의 삶이 십자가 안에 숨겨져 있기 때문입니다. 십자가 사건은 우리에게 지금도 계속되는 사건입니다. 예수님의 십자가도 그렇고, 우리가 지는 십자가도 그러합니다. 십자가 사건은 바로 오늘의 일입니다.

십자가가 오늘의 일이라는 말에 의아해할 사람도 있을 것입니다. 부활 성야 때 봉독하는 성경 말씀을 인용하면서요. "우리는 그리스도께서 죽은 이들 가운데에서 되살아나시어 다시는 돌아가시지 않으리라는 것을 압니다. 죽음은 더 이상 그분 위에 군림하지 못합니다"(로마 6,9). 하지만, 이 성경 말씀이 십자가 사건을 단순한 과거의 일로 여기라는 뜻은 아닙니다. 십자가 사건을 단순히 부활로 가는 부차적 단계로 여기라는 말이 아닙니다. 예수께서는 성부의 영광 안에 계시지만, 동시에 우리와 함께, 그리고 우리 안에 계십니다. 예수님은 머리이시고, 우리는 그 지체입니다. 머리는 다른 지체가 아직 완성에 이르지 못했다면, 스스로 완성되었다 말하지 않습니다. 이 지상의 시간이 계속되는 한, 예수께서는 우리의 십자가를 함께 지십니다. 죄악의 십자가, 허무와 무력함의 십자가, 질병이라는 십자가를 예수께서는 우리와 함께 지십니다.

아우구스티누스는 이를 눈에 보일 듯 선명하게 표현합니다. "우리의 머리, 즉 그리스도는 하늘에 계십니다. 하지만 교회가 땅에서 고통받는 동안 머리이신 그리스도도 함께 고통을 받습니다. 이 지상에서 그리스도도 함께 굶주리고, 함께 목말라 하고 함께 헐벗습니다. 그리스도께서는 소외된 사람과 함께 소외되고, 아픈 이와 함께 아파하고, 갇힌 이와 함께 갇히십니다. 당신의 지체가 아파하면, 그리스도도 함께 아파합니다. … 우리의 몸도 그렇지 않습니까? 머리는 위에 있고, 발은 아래에 있어 서로 떨어진 것처럼 보이지만, 누군가가 발을 밟으면, '왜 내 발을 밟아요!'라고 소리치는 것은 머리입니다. 아무도 밟을 수 없는 우리의 머리이신 그리스도께서 '내가 굶주렸다'고 외쳐주십니다"(아우구스티누스, 설교 137 II,2).

오늘도 그리스도께서는 세상의 십자가를 지십니다. 4세기 놀라의 주교였던 파울리누스는 말합니다. "예수께서는 우리를 위하여 스스로 약해지시고 무력해지셨습니다. 예수께서는 우리를 위하여 그리고 우리 안에서 세상을 견디십니다. 세상을 견디심으로 세상을 이기시고, 무력함 안에 숨어 있는 힘을 완전히 이끌어 내십니다"(서간 38,3).

이 신비를 각자의 삶에서 이해하려 할 때, 우리가 잊지 말아야 할 것이 있습니다. 바로 그리스도의 십자가가 지나간 옛일만이 아니라는 사실입니다. 십자가 사건은 우리 안에서도 계속됩니다. 우리가 십자가를 질 때, 그리스도께서는 우리와 함께 계십니다. 내가 지는 십자가, 아니 우리 모두의 십자가를 그리스도께서는 함께 져주십니다. 우리의 십자가 안에도 생명이 숨겨져 있습니다. 예전 그리스도의 십자가 안에 생명이 있던 것처럼 말이지요. 나의 십자가, 우리의 십자가도 마찬가지입니다. 십자가에 하느님의 현존이 숨어 있고, 부활은 이를 환히 드러냅니다. 십자가에 하느님의 사랑이 감춰져 있고, 부활은 이를 영광스레 드러냅니다. 죽음 속에 이미 생명이 있습니다.

그래서 우리는 희망을 가지고 십자가를 집니다. 우리의 고통과 고뇌, 불안과 한계를 짊어집니다. 인생에서 마주하는 허망한 실패에도 우리는 쓰러지지 않습니다. 예수께서 우리의 십자가를 함께 져주십니다. 예수께서 우리가 짊어진 십자가를 부활의 빛으로 밝혀주십니다. 우리는 우리의 십자가를 이제 다른 눈으로 보게 됩니다. 성금요일의 어둠 위에 부활의 밝은 빛이 밝아옵니다.

구원 사건이 **바로 오늘**의 일이라는 것을, 게 됩니다. 살아낼 새로운 부활의 삶이 십자가

우리는 십자가를 바라볼 때 더욱 분명히 깨닫
안에 숨겨져 있기 때문입니다.

# 십자가에 못 박히신 예수

십자가의 성 요한

십자가의 성 요한(1542-1591)이 환시로 본 예수님의 십자가입니다. 이 그림은 우리에게는 조금 낯선 구도를 보여줍니다. 지금까지 우리가 흔히 보아온 십자가는 땅 위에 서 있는 십자가입니다. 이 십자가는 좀 다르지요. 언뜻 보기에 공중에 떠 있는 듯합니다. 고문당한 처참한 육신이 이승과 저승 사이, 그 캄캄한 암흑 속에 흔들립니다. "하느님이 어디 계시냐고 묻게 되는 밤"(한스 우르스 폰 발타자르), 그 밤의 어둠 속으로 잠겨드는 처참한 십자가입니다.

우리는 이 십자가를 다른 관점에서 볼 수 있습니다. 바로 하느님의 관점입니다. 이 십자가 그림은 밑에서 위를 바라보는 인간의 관점으로 그려지지 않았습니다. 이 그림은 위에서 아래를 내려다보시는 성부의 시선을 드러냅니다. 당신께 온전히 순종한 아들을 내려다보시는 성부의 시선이 드러납니다. 땅속에 박혀 꿈쩍하지도 않던 죽음의 십자가를 성부께서는 위로 뽑아 올리십니다. 땅에 박혀있던 무거운 십자가가 이제 가벼워집니다. 십자가는 이제 위로 들어 높여져, 부활의 길을 엽니다. 끝이 끝이 아니고, 마지막이 마지막이 아닙니다. 출구를 찾을 수 없는 절망의 순간, 하느님은 당신의 손으로 우리를 붙잡아주십니다. 당신 아들을 붙잡아주셨듯, 우리도 붙잡아주십니다. 하느님께서는 우리 모두에게 새로운 시작을 마련해주십니다. "십자가 안에 생명이 있다." 이는 우리의 십자가에도 해당하는 말입니다.

# 성 토 요 일

## 희망 속에서 견디는 것은 어리석은 일이 아닙니다

피조물만이 아니라 성령을 첫 선물로 받은 우리 자신도 하느님의 자녀가 되기를, 우리의 몸이 속량되기를 기다리며 속으로 탄식하고 있습니다. 사실 우리는 희망으로 구원을 받았습니다. 보이는 것을 희망하는 것은 희망이 아닙니다. 보이는 것을 누가 희망합니까? 우리는 보이지 않는 것을 희망하기에 인내심을 가지고 기다립니다(로마 8,23-25).

죽음이 승리를 거두었습니다. 예수님은 십자가에서 돌아가셨습니다. 예수께서 하셨던 모든 일과 기적, 그분이 이루고자 했던 것이 이제는 허사가 되었습니다. 제자들은 도망가고, 믿음의 불꽃은 꺼졌습니다. 미움이 사랑을 이겼고, 일치와 화해는 사라졌습니다. 유다가 그랬듯 의심이 판을 치고, 빌라도와 유다 지도자들이 그랬듯 모략과 증오가 득세합니다.

죽음이 완전한 승리를 거두었습니다. 우리는 이제 무엇을 할 수 있습니까? 우리에게 도대체 무엇이 남아 있습니까? 우리는 이제 어떻게 살아가야 합니까? 성토요일에 던지는 우리의 질문입니다. 사실 성토요일에는 별다른 일이 일어나지 않습니다. 특별한 일이 일어나지 않는 이 날에 우리가 진지하게 던지는 유일한 질문은 이것입니다.

절망 속에서 우리는 어떻게 살아가야 합니까? 이는 방황하는 모든 이가 던지는 질문입니다. 사실 모든 사람이 오랫동안 고민해왔던 문제이지요. 절망적인 상황에서 도대체 어떻게 살아가야 하는지는 삶에서 늘 제기되는 문제입니다. 기존의 계획과 생활환경이 망가지고, 맺었던 관계들이 깨어지는 순간, 모든 희망이 사라지는 순간에는 더더욱 그렇습니다. 성토요일에 우리가 던지는 질문은 이것입니다. 절망적인 상황에서 우리는 도대체 무엇을 할 수 있을까요? 이는 지나간 과거의 문제가 아닙니다. 우리가 묵상했던 신앙의 다른 신비처럼 바로 오늘의 문제입니다. 성토요일의 상황은 우리가 맞닥뜨린 현재 상황과 다르지 않습니다. 성토요일도 우리가 묵상했던 다른 날처럼, 아니 어쩌면 그날들보다 더 선명히 '바로 오늘'을 가리키고 있습니다. 우리가 어제, 그리고 그제 묵상했던 '바로 오늘' 말입니다.

절망 속에서 인간은 도대체 어찌해야 합니까? 성토요일은 우리에게 질문을 던지지만, 답까지 주지는 않습니다. 이 질문을 마주한 우리도 그 답을 찾을 수 없습니다. 절망 속에서 인간은 도대체 무엇을 해야 할까요? 성경과 교회의 전례는 우리에게 기다리라고 말합니다. 견디며 희망을 가지라고 합니다. 성경, 특히 시편에서 우리는 이 말을 자주 듣지요. '하느님께 바라라. 하느님을 고대하여라. 평온해지리라'(시편 42,6; 131,2 참조). "이스라엘아, 주님을 고대하여라"(시편 131,3). 시편 저자는 시편 130편에서 간절히 기도합니다. "나 주님께 바라네. 내 영혼이 주님께 바라며 그분 말씀에 희망을 두네. 파수꾼들이 아침을 기다리기보다 파수꾼들이 아침을 기다리기보다 내 영혼이 주님을 더 기다리네. 이스라엘아, 주님을 고대하여라"(시편 130,5-7 이하).

성토요일에 드리운 절망 앞에서, '이제 어찌해야 합니까?'라고 물을 때, 우리는 시편이 드러내는 구약의 전통과 만나게 됩니다. 구약의 전통은 말합니다. '하느님을 바라라. 하느님을 고대하라.' 죽음이 승리한 듯 보이는 이 절망 앞에서, 우리는 죽음을 이기고 이루실 하느님의 더 큰 승리를 희망해야 합니다. 우리는 하느님이 주시는 가시적이고 경험할 수 있는 새 생명을 바랍니다. 새로운 시작을 주시기를, 결코 스러지지 않을 새로운 미래를 주시기를 바랍니다. 성부께서 과거에 당신 아들에게 주셨던 새 생명을, 우리에게도 풍성히 내려주시기를 바라고 또 바랍니다. '기다려라. 고대하고 희망하여라.'

독일 속담에 '희망은 사람을 바보로 만든다'는 말이 있습니다. 쓸모없는 헛된 기다림도 많지요. 희망이 사라지고, 견디는 것이 의미 없어지는 때도 수없이 많습니다. 솔직히 말해봅시다. 효율성을 최고 가치로 여기는 현대사회에서 기다린다는 것이 도대체 무슨 의미가 있습니까? 조용히 견디는 것, 믿음을 가지고 희망한다는 것이 쓸모없는 일 같지 않습니까? 우리가 사는 세상에서는 효율성만 중요하니까요. 사람이 무언가를 하면 결과가 있어야 합니다. 작품, 성과, 혹은 성공, 그 무엇으로 불리든 간에 사람이 무언가를 할 때는 사람들 앞에 내놓을 것이 있어야 합니다. 무언가를 한다고 하면, 사람들은 무언가를 성취하거나, 제작하거나, 변경하거나, 혹은 계획하거나 조직하는 것을 떠올립니다. 늘 이런 식이지요. 행동으로부터 구체적인 결과가 나와야 한다는 가치관은 변하지 않습니다. 그런데 침묵하고, 고대하고, 희망하는 것은 이와는 완전히 다른 태도입니다. 확신이 없으면, 인간은 침묵 속에서 희망할 수 없습니다. 어떠한 확신입니까? 인간에게 중요하고 결정적인 것은, 인간 스스로 만들어낼 수 없고 오직 하느님만이 주실 수 있다는 확신입니다. 하느님이 주시는 선물과 은총이 우리를 채우시길, 우리가 절망 속에서 어떻게 살아가야 할지 답을 주시기를 바라고 또 희망합니다. 이러한 희망을 가지고, 우리의 초라한 빈손을 하느님을 향해 내밉니다.

하느님을 바라는 일은 공허한 기다림이 아닙니다. 믿음과 희망으로 하느님을 바라는 이에게는 고대하던 미래가 밝아옵니다. 고대하던 미래는 바로 지금 우리의 마음을 바꾸어놓습니다. 희망하는 이에게 최종적인 실패는 없습니다. 희망하는 이에게 완전한 절망은 없습니다. 실패와 좌절, 심지어 죽음마저도 완전한 절망이 아닙니다. 희망은 과거의 일을 미래로 향하게 합니다. 하느님께서 우리를 위해 마련하신 그 미래로 말이지요. 우리가 가지는 희망 안에 이미 미래가 있습니다. 신비롭게도 바로 지금 여기에 미래가 있습니다. 바오로 사도는 말합니다. "우리는 희망으로 구원을 받았습니다"(로마 8,24). 무슨 뜻입니까? 우리 안에 이미 우리를 구원하는 희망의 힘이 있다는 말입니다. '희망은 사람을 바보로 만든다'는 속담은 하느님을 믿는 이에게는 통하지 않습니다. 오히려 그 반대입니다. '희망 속에서 견디는 것은 어리석은 일이 아닙니다.' 진실로 희망하는 이, 인내를 가지고 견디는 이, 구원을 갈망하며 기다리는 이에게는 약속된 구원의 미래가 펼쳐지기 때문입니다. 이렇듯 성토요일의 기다림은 곧 비춰올 부활절의 밝은 빛 아래 놓여 있습니다.

  이것이 바로 신자들이 초대 교회 때부터 성금

요일과 부활 주일 사이의 예수님을 열심히 묵상했던 이유입니다. 예수님은 큰 시련과 실패에도, 심지어 하느님이 계시지 않는 듯 보이는 순간에도 믿음과 희망을 잃지 않고 죽음을 받아들이십니다. "아버지, 제 영을 아버지 손에 맡깁니다." 예수님께 무슨 일이 일어난 겁니까? 깊은 묵상을 통해 우리는 확신할 수 있습니다. 예수께서는 저승에 가셨으나, 마지막까지 믿음과 희망, 그리고 사랑을 잃지 않으셨습니다. 마침내 예수께서는 죽음을 이긴 승리자로서 저승으로 내려가셨습니다. 이제 저승은 '이전'의 저승이 아닙니다.

'이전'이라니요? 이전은 어땠습니까? 구약의 유다 전통에 의하면 저승은 본질적으로 '관계의 단절'을 의미했습니다. 죽음은 하느님과 인간 사이의 관계를 끊어놓는 것처럼 보였으니까요. '하느님은 죽은 이를 더는 생각하지 않으신다'는 말이 있습니다. 이 말을 인간의 관점에서 고쳐 쓰면, '죽은 이는 하느님을 더는 찬양하지 않는다'는 말이 될 겁니다. 어느 쪽에서 보더라도 결론은 같습니다. 둘 사이의 관계는 죽음으로 인해 끊어졌습니다. 이렇듯 저승이라는 말은 관계의 단절을 의미합니다.

예수께서 저승으로 가십니다. 우리가 여러 번 강조했듯이, 예수님은 당신의 전 생애를 '남을 위한 존재Proexistenz'로 사셨습니다. 우리를 위해, 그리고 성부를 위해 사셨던 예수님이 이제 저승으로 내려가신 것입니다. 예수께서는 관계가 단절된 어둠의 땅, 고독이 짙게 드리운 땅에서 하느님과 인간의 관계를 다시 이어내십니다. 하느님과 인간 사이의 관계를 누구도 끊지 못할 새로운 관계로 만들어내십니다. 예수님은 닫힌 저승문을 열고 들어가시어 아담과 하와에게 손을 내미십니다. 여러 성화와 이콘이 이 장면을 표현합니다. 예수님은 아담과 하와를 건지시고, 그들과 연결된 모든 인류를 죽음의 구렁에서 함께 건져내셨습니다.

동방 교회의 이콘은 저승으로 가시는 예수님을

즐겨 표현합니다. 이에 반해 서방교회는 무덤에서 나오시는 예수님을 즐겨 묘사하지요. 예수님은 어두운 저승으로 내려가시어 끊어진 관계를 다시 이으심으로써, 당신 부활의 힘을 온 세상에 드러내십니다. 저명한 신학자인 한스 우르스 폰 발타자르는, 우리가 희망을 가질 수 있는 이유가 예수께서 저승으로 내려가셨기 때문이라고 말합니다. 하느님의 아들이, 죄인들이 머무는 곳으로 내려가셨습니다. 모든 관계가 끊어진 어둠의 땅, 하느님이 어디 계시냐고 부르짖는 고독의 땅으로 내려가셨습니다. 예수께서는 그곳에서 하느님과 멀리 떨어져 있는 사람들을 당신 사랑으로 붙들어주십니다. 예수님의 사랑은 차갑게 얼어버린 저승을 녹입니다. 단단하게 닫힌 저승의 문이 열립니다. 사람들은 그리스도의 힘에 자신을 맡깁니다. 새로운 삶과 새로운 미래를 주시는 그리스도의 힘에 자신을 맡깁니다. 이제 우리는 알게 됩니다. 성금요일과 부활 사이에 저승으로 내려가신 예수님을 묵상하며, 다가올 부활을 믿음과 희망으로 기다립니다. 이렇게 우리는 성토요일이 부활의 삶을 미리 살아내는 날임을 분명히 깨닫게 됩니다. 희망하는 이에게는 미래가 있습니다. 희망하는 이에게는 새로운 미래가 이미 시작되었습니다. "저희의 희망은 주님께 있사오니, 영원히 부끄럽지 않으리로다In te, Domine, speravi: non confundar in aeternum"(사은 찬미가). 마음을 다해 부르는 이 노래가 우리에게는 아름다운 부활노래가 됩니다.

희망은 과거의 일을 미래로 향하게 합니다. 하지요. 우리가 가지는 희망 안에 이미 미래가 있에 미래가 있습니다.

느님이 우리를 위해 마련하신 그 미래로 말이
습니다. 신비롭게도 **바로 지금 여기**

# 부활

9세기경

이 이콘은 '저승으로 내려가시는 예수님'을 표현한 이콘 중 매우 오래된 축에 속합니다. 동방 교회는 '저승으로 내려가시는 예수님'의 표상을 전 인류의 구원과 연결하여 해석합니다. 그림 왼쪽 위의 다윗과 솔로몬이 그리스도의 오심을 선포합니다. 예수님은 승리자로서 죽음을 당신 발아래 두십니다(왼쪽 아래). 그뿐만이 아닙니다. 예수께서는 '십자가에서 죽기까지' 당신을 낮추시어(필리 2,8), 아담과 하와로 표상되는 온 인류를 위해 저승문을 여십니다(오른쪽 위의 문을 보십시오). 예수께서는 우리 모두를 당신 부활로 이끄십니다. 예수님의 발아래 있는 죽음을 보십시오(왼쪽 아래). 그 죽음이 아무리 아담의 발을 붙잡으려고 해도 소용없습니다. 이렇게 한 번 일어난 '그리스도의 부활'은 늘 다시 일어나는 '아담의 부활'이 됩니다. '아담의 부활'은 실제로 다른 부활 이콘의 제목으로 쓰였습니다. 성토요일은 우리에게 인내를 가지고 견디라고 말합니다. 종국에 이루어질 우리 모두의 부활을 흔들림 없이 희망하라고 말해줍니다.

# 부 활

## 우리는 모두 부활할 것입니다

아담 안에서 모든 사람이 죽는 것과 같이 그리스도 안에서 모든 사람이 살아날 것입니다. 그러나 각각 차례가 있습니다. 맏물은 그리스도이십니다. 그다음은 그리스도께서 재림하실 때, 그분께 속한 이들입니다(1코린 15,22-23).

"이 밤은 죽음의 사슬 끊으신 그리스도, 무덤의 승리자로 부활하신 밤" 성목요일 감사송에 '바로 오늘'이라는 말이 들어가는 것처럼, 부활 성야에 부르는 부활 찬송Exultet에도 '(바로) 이 밤'이라는 말이 들어갑니다. '바로 오늘', '이 밤'입니다. 부활은 과거에 한 번 일어나고 끝나버린 사건이 아닙니다. 부활은 바로 오늘의 사건입니다. 세상이 완성될 때까지 매일 주어지는 새로운 오늘 안에 부활이 있습니다.

사람들이 묻습니다. 부활은 이미 과거에 끝나버린 사건이 아니냐고요. 예수님은 영광스럽게 부활하신 후, 이제는 성부 오른편에 앉아 계시지 않냐고요. 예. 맞습니다. 하지만, 우리가 아직 영광스럽게 부활하지 않았으니, 부활은 아직 끝난 것이 아닙니다. 오늘 우리가 기념하는 부활은 예수님께만 일어난 부활이 아닙니다. 예수님은 인간의 죽음을 받아들이시고 우리를 위해 돌아가셨습니다. 그리고 우리를 위해 부활하셨습니다. 예수님의 부활은 우리의 부활입니다. 우리를 위해 일어난 부활입니다.

바오로 사도는 코린토 신자들에게 보낸 첫째 서간에서 다음과 같이 말합니다. "아담 안에서 모든 사람이 죽는 것과 같이 그리스도 안에서 모든 사람이 살아날 것입니다." 바오로는 살아나는 순서에 관해서도 말합니다. "맏물은 그리스도이십니다. 그다음은 그리스도께서 재림하실 때, 그분께 속한 이들입니다"(1코린 15,22). 이 말씀에서 우리는 성 토요일에 묵상했던 동방 교회의 부활 성화(64쪽)가 우리에게 전해주고자 했던 깊은 의미를 다시 한번 깨닫게 됩니다. 이 성화에서 예수님은 성부께 올라가시지 않고, 저승으로 내려가십니다. 예수께서는 저승으로 내려오시어 죽을 운명에 처한 모든 인간을 당신 부활로 초대하십니다. 예수님은 모든 인간이 하느님의 영광을 누리기를 원하십니다.

요한복음은 마리아 막달레나가 부활하신 주님을 만나는 장면을 전해줍니다. 주님이 마리아 막달레나에게 말씀하십니다. "내가 아직 아버지께

올라가지 않았으니 나를 더 이상 붙들지 마라. 내 형제들에게 가서, '나는 내 아버지시며 너희의 아버지신 분, 내 하느님이시며 너희의 하느님이신 분께 올라간다' 하고 전하여라"(요한 20,17). 사람들은 불명확한 라틴어 번역 "noli me tangere" 때문에 '나를 붙들지 마라'를 '나를 만지지 마라'라는 뜻으로 이해해왔습니다. 이 구절에서 중요한 문제는 만지고 말고가 아닙니다. 예수께서 '나를 붙들지 마라'라고 하신 이유는, 예수께서 아직 성부께 올라가지 않으셨기 때문입니다. 이 말씀을 하시는 순간에도 예수님의 부활은 계속되고 있다는 말입니다. 예수님의 부활은 계속됩니다. 우리 모두, 모든 형제자매들이 다 함께 하느님의 영광 안에 들 때, 바로 그때 예수님의 부활은 완성됩니다.

그리스도께서 죽음에서 생명으로 건너가신 이 밤, 그리스도의 부활을 기념하는 이 밤에, 우리 역시 그리스도의 부활에 참여하게 될 것을 우리는 믿습니다. 우리는 그리스도를 따라 부활할 것입니다. 확실히 부활합니다. 그리스도의 부활과 우리의 부활은 끊어지지 않는 줄로 연결되어 있습니다. 말하자면 우리는 같은 밧줄을 타고 등반하는 등반팀과 같습니다. 인도자인 그리스도께서 먼저 정상에 오르셨습니다. 남은 우리가 정상에 오르는 것은 시간 문제입니다. 인도자가 우리와 함께 계십니다. 먼저 정상에 오른 인도자께서 우리를 이끌어주고 지켜주십니다. 인도자가 목적지에 도달했다면, 뒤따르는 등반팀도 이미 목적지에 도달한 것이나 마찬가지입니다. 우리의 부활도 그러합니다. 그리스도께서 죽음을 이기시고, 하느님 아버지의 영광이라는 목적지에 도달하셨습니다. 그리스도께서는 하느님의 영광 안에 당신 자신만을 위해 홀로 머무시지 않습니다. 우리는 모두 함께 그 목적지에 도달할 것입니다. 그리스도를 따라 함께 부활할 것입니다.

  부활절은 예수님의 부활만을 기념하는 축제가 아닙니다. 부활절은 그리스도의 신비체를 이루는 모든 지체의 축제입니다. 부활은 언제 완성됩니까? 우리가 한 명도 빠짐없이 모두 부활할 때 완성됩니다. 우리가 죽음의 어두운 골짜기를 빠져나와 부활의 힘으로 하느님이 주시는 새로운 생명의 영광에 참여할 때, 우리가 하느님과 하나 되고, 우리 서로가 하느님 안에서 하나 될 때, 부활은 완성됩니다. 요컨대, 그리스도의 신비체가 모두 부활할 때 부활은 완성됩니다. 부활이 완성될 때 하느님의 영광이 완전히 드러날 것입니다.

이러한 희망을 초대 교회의 신학자들은 여러 기회를 통해 드러냅니다. 예를 들어 오리게네스Origenes는 다음과 같이 말합니다. "부활한 분은 한 분입니다. 그분은 여러 지체를 가진 한 몸입니다. 눈이 손에게 '나는 네가 필요 없어'라고 말해서는 안 됩니다. 사람이 아무리 눈이 좋아서 잘 볼 수 있어도, 다른 지체가 없으면 소용이 없습니다. 다른 지체가 없다면 눈 혼자서 어찌 기뻐할 수 있겠습니까? 여러분이 거룩한 사람으로 구원받는다면,

여러분은 무척 기쁠 것입니다. 하지만 여러분의 기쁨은 여러분 몸의 어떤 지체도 구원에서 빠지지 않아야 완전한 기쁨이 되겠지요. … 여러분은 그리스도 신비체의 한 지체입니다. 여러분 각자의 지체 중 하나만 빠져도 여러분이 온전히 기뻐할 수 없다면, 주님이자 구세주, 신비체의 머리이시자 근원이신 분은 어떻겠습니까? 당신 몸 중에서 한 지체만 빠져도 주님은 온전히 기뻐하실 수 없습니다. … 주님은 여러분 없이 하느님의 영광 안에 들어가시지 않습니다. 주님은 당신 백성 없이는, 주님의 몸, 그 몸의 지체 없이는 하느님께 가시지 않습니다"(레위기 강론 7,2).

이 인상 깊은 강론은 예수님의 부활이 온 피조물과 관련된 총체적이고 보편적인 사건임을 분명히 알려줍니다. 이제 우리에게 죽음은 마지막 말이 아닙니다. 증오와 고통, 실패와 절망도 우리에게 마지막 말이 될 수 없습니다. 우리에게는 성부의 영광 안에서 누리는 새 삶이 있기 때문입니다.

성령 안에서 그리스도와 함께 누리는 충만한 삶이 있기 때문입니다. 모든 것이 하느님의 영광 안에서 누리는 충만한 삶을 향해 있습니다. 부활로 드러난 이 충만한 삶을 드러내기 위해, 우리는 부활 성야 미사 때 많은 독서를 봉독하며 하느님의 구원 행위를 기념합니다. 이 충만한 생명을 드러내기 위해, 우리는 빛의 예식과 세례예식을 거행합니다. 하느님께 찬양과 기도를 드리며 하느님의 구원 역사를 현재화합니다. 세상 창조 때부터 행하신 하느님의 모든 구원 행위는 바로 이 부활을 향해 있습니다. 하느님의 모든 구원 사업은 모든 피조물이 하느님의 영광 안에서 누릴 새로운 생명, 어느 누구도 앗아가지 못할 영광스러운 생명을 얻도록 하기 위함입니다. 삼위이신 하느님과 하나 되고, 서로서로 하나가 되어 일치를 이룰 때 하느님의 여정은 완성됩니다.

그리스도께서 앞서가시고, 우리는 그 뒤를 따라갑

니다. 부활은 먼 미래의 일이 아닙니다. 부활은 이미 우리에게 와 있고, 우리 안에서 시작되었습니다. 사도 바오로는 우리의 부활이 이미 시작되었음을 믿어 의심치 않았습니다. 바오로는 말합니다. 세례는 그리스도와 함께 죽고 그리스도와 함께 살아나는 것이라고요. 우리가 세례를 통해, 그리고 세례 안에서 다시 살아난다는 것은 우리가 약속된 미래에 이미 참여하고 있다는 뜻입니다. 세례는 겉으로 드러나는 예식만이 아닙니다. 세례의 의미는 일상에서 실현되어야 합니다. 우리는 일상에서 그리스도와 함께 죽어야 합니다. 자기중심적인 사고에서 벗어날 때, 우리는 그리스도와 함께 죽는 것입니다. 하느님 없이 살 수 있다는 착각, 이웃을 짓밟아야만 살아갈 수 있다는 망상을 버릴 때, 우리는 그리스도와 함께 죽는 것입니다. 폭력과 거짓의 노예, 악한 욕망의 노예가 되지 않고 사랑의 봉사를 기꺼이 행할 때, 우리는 그리스도와 함께 죽는 것입니다.

그리스도와 함께 죽을 때, 우리는 죽음과 허무가 지배하던 암흑의 구렁텅이에서 벗어날 수 있습니다. 그리스도와 함께 죽는 이는 생명을 얻고 참된 희망을 얻습니다. 그 참된 희망 안에서 약속된 미래가 조용히 밝아옵니다. 부활은 이미 시작되었습니다. 바오로는 세례를 받은 이에게 그리스도와 함께 죽고, 그리스도와 함께 살아가라고 말합니다. "여러분 자신도 죄에서는 죽었지만 그리스도 예수님 안에서 하느님을 위하여 살고 있다고 생각하십시오"(로마 6,11).

우리에게 부활은 언젠가 다가올 미래의 일만은 아닙니다. 부활은 이미 우리에게 일어나고 있는 사건입니다. 죄에 죽고 그리스도와 함께 사랑의 삶을 사는 순간에 우리의 부활은 이미 시작된 것입니다. 앙겔루스 실레시우스Angelus Silesius가 성탄과 관련해서 했던 말을 부활에도 적용할 수 있을 것입니다. 앙겔루스 실레시우스가 원래 했던 말은 이렇습니다. "그리스도께서 베들레헴에서 천 번을 태어나셔도 정작 당신 안에서 태어나시지 않는다면, 당신은 영원히 길을 잃고 헤맬 뿐입니다." 이 말은 부활에도 그대로 적용됩니다. "그리스도께서 부활절에 천 번을 부활하셔도 정작 당신 안에 부활하시지 않는다면, 당신은 영원히 길을 잃고 헤매일 뿐입니다."

부활을 제대로 기념하려면, 예수님의 부활 안으로 들어가야 합니다. 예수께서 우리에게 주신 새로운 삶을 살아내야 합니다. 복음이 우리에게 전해 준 새로운 삶은 하느님 사랑과 이웃 사랑으로 요약됩니다. 동방 교회의 신자들은 부활 성야 미사 때 옛 전통을 따라서 충분한 시간을 할애하여 서로 평화의 인사를 나눕니다. 이렇게 하는 데는 다 이유가 있습니다. 평화의 인사로써 그들은 서로 화해를 이룹니다. 반목하던 이웃, 경쟁자로 여기던 동료, 소원해진 벗들에게 손을 내밀고 서로를 따듯하게 안아줍니다. 새로운 관계가 시작되는 것이지요. 이러한 새로운 관계 안에서 부활은 진정한 부활이 됩니다.

내일 우리가 기념하는 부활은 단지 과거에 있었던 한 사건만을 기억하는 날이 아닙니다. 단지 장엄한 전례를 거행하는 날도 아니고요. 부활은 바로 오늘, 여기에서 벌어지는 현실입니다. 우리의 마음을 예수님의 부활을 향해 활짝 열 때, 우리의 부활은 이미 시작됩니다. 앞서 말한 등반팀의 비유로 말해보겠습니다. 우리가 예수님이 이끄시는 등반팀과 함께할 준비를 했다면, 우리의 부활은 이미 시작된 것입니다.

우리가 서로 화해하고 평화의 길을 걸을 때, 어리석은 욕망에서 벗어나 새 삶을 살아나갈 때 부활은 시작됩니다. 진리의 삶을 살고 사랑을 실현해나가는 바로 그곳에서 주님 부활의 빛은 우리 안으로 비춰 듭니다. 주님 부활의 빛은 우리를 통해 세상 완성의 날까지 퍼져갑니다. 세상 완성의 날, 그리스도의 모든 지체가 하느님의 영광 안에 머물게 될 것입니다.

오늘 우리가 기념하는 부활은 예수님께만 일어 받아들이시고 우리를 위해 돌아가셨습니다. 그 부활은 우리의 부활입니다. **우리를 위해**

난 부활이 아닙니다. 예수님은 인간의 죽음을
리고 우리를 위해 부활하셨습니다. 예수님의
**일어난 부활**입니다.

# 발의 부활

안토니 타피에스 Antoni Tapies, 1988년

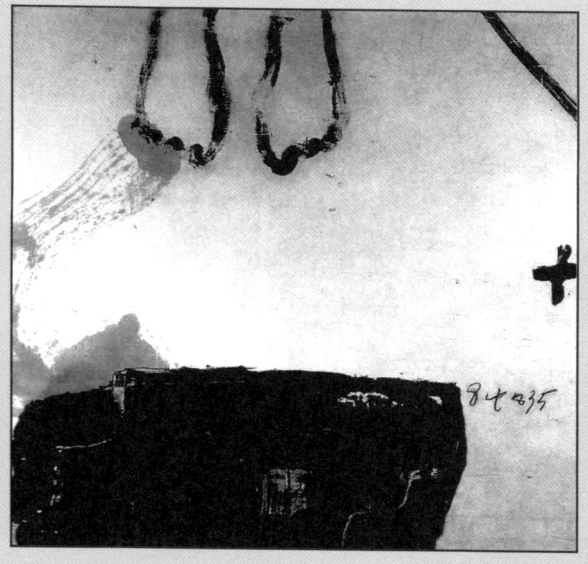

안토니 타피에스(1923-2012)는 1988년에 그린 자신의 작품에 '발의 부활'이라는 제목을 붙였습니다. 우리는 성금요일 묵상 때 아우구스티누스의 강론을 들었습니다. 머리이신 그리스도께서는 이미 부활의 영광에 드셨지만, 그분의 발인 우리는 아직 부활을 향한 여정 중에 있다는 내용이었습니다. 타피에스가 아우구스티누스의 비유를 알고 있었는지 우리는 알 수 없습니다.

어쨌든 우리는 타피에스의 그림에서 아우구스티누스의 비유를 정확히 읽어낼 수 있습니다. 예수께서는 어두운 무덤에서 이미 나오셨습니다. 아래에 있는 돌이 균열을 일으키고 깨지기 시작합니다. 우리는 이 그림에서 그리스도를 볼 수는 없습니다. 그리스도는 하느님의 오른편에 들어 높여져, 그림으로 표현할 수 없는 분이 되셨습니다. 작가가 그리고자 한 것은 그리스도의 '발'인 우리입니다. 우리는 주님을 따라 성부께로 가는 길 위에 있습니다. 사람들은 우리가 '아직' 길 위에 있다고 하겠지만, 우리는 다음과 같이 말합니다. 우리는 주님께서 도달하신 길 위에서, '이미' 주님과 함께 있는 것이라고요. 그리스도의 부활은 그리스도의 발인 우리까지 모두 부활해야 완성됩니다. 모두가 부활할 때까지 부활은 계속됩니다. 바로 오늘 여기에서 부활은 계속됩니다.

## 그림 출처

| | |
|---|---|
| 표지 | ⓒ https://www.shutterstock.com/ |
| 28쪽 | 폴 고갱, 〈최후의 만찬〉 (1899) |
| | 사진: ⓒ Peter Willi - ARTOTHEK |
| 46쪽 | 십자가의 성 요한, 〈십자가에 못 박히신 예수〉 |
| | 사진: Bildarchiv Verlag Herder |
| 64쪽 | 〈부활〉 |
| | 흑금판, 피에스키 모건 성유물함 Fieschi Morgan Staurotheke |
| | (9세기 경으로 추정) |
| | 메트로폴리탄 미술관, 뉴욕 |
| | 사진: Karl-Christian Felmy, *Das Buch der Christus-Ikonen*, |
| | Freiburg im Breisgau 2004. |
| 80쪽 | 안토니 타피에스, 〈발의 부활〉 1988. |
| | ⓒ Foundation Antoni Tapies Barcelona / VG Bild-Kunst, Bonn 2006 |

바로 오늘

# 바로 오늘 성삼일 - 부활 묵상

| | |
|---|---|
| 서울대교구 인가 | 2021년 12월 28일 |
| 초판 1쇄 펴낸날 | 2022년 1월 31일 |
| 2쇄 펴낸날 | 2022년 2월 18일 |
| 지은이 | 기스베르트 그레샤케 |
| 옮긴이 | 허찬욱 |
| 펴낸이 | 백인실 |
| 펴낸곳 | 성서와함께 |
| | 06910 서울특별시 동작구 흑석로13길 7 |
| | Tel (02) 822-0125~7/ Fax (02) 822-0128 |
| | http://www.withbible.com |
| | e-mail: order@withbible.com |
| 등록번호 | 14-44(1987년 11월 25일) |

ⓒ 성서와함께 2022
성경·전례문 ⓒ 한국천주교중앙협의회, 2022.

ISBN 978-89-7635-391-7 93230

\* 이 책에 실린 내용은 펴낸이의 허가 없이 전재 및 복제할 수 없습니다.